GENTE COMÚN Y CORRIENTE QUE CAMBIÓ el MUNDO

Soy Jane Goodall

BRAD MELTZER

ilustraciones de **Christopher Eliopoulos**

traducción de Isabel C. Mendoza

VISTA™

Soy Jane Goodall.

En mi primer cumpleaños, mi padre me compró un chimpancé de peluche que se llamaba Jubilee.

Yo amaba a Jubilee.

Lo digo en serio: lo *amaba*.

Lo llevaba *a todas partes*.

Más grande, cuando ponía mis juguetes en fila para jugar a la maestra, Jubilee era el único que tenía su propia silla.

Mi madre me dijo que las lombrices estarían más seguras en el jardín, así que las sacamos y las volvimos a enterrar en su casa.

A los cinco años de edad, sentí curiosidad por saber cómo ponían los huevos las gallinas. De manera que me trepé al gallinero de mi abuela para observarlas.

Al comienzo, las gallinas me tenían miedo.

Entonces, decidí esconderme en una esquina. Cualquier movimiento hubiera espantado a las gallinas. Pero fui paciente.

Al fin, tras horas de espera, vi lo que estaba buscando.
La gallina se meneó un poquito y...
¡Plof!
Salió un huevo.
¿DÓNDE ESTABAS?
¡TE PERDISTE DURANTE TANTO TIEMPO QUE HAY GENTE BUSCÁNDOTE!
¡NO ME VAN A CREER SI LES DIGO DE DÓNDE VIENEN LOS HUEVOS!
Ese fue mi primer trabajo de investigación.

Además de los animales, también amaba la naturaleza. Al castaño le puse de nombre *Nooky*, y al haya, *Beech*. Mi árbol favorito era *Beech*.

Oh, esa era otra cosa que amaba: leer.

En aquel entonces, mi familia no tenía mucho dinero.
Los libros los teníamos que prestar de la biblioteca.
Cuando cumplí los siete, encontré un libro que me cambió la vida.

Se llama *La historia del doctor Dolittle*.
Cuando lo terminé, lo volví a leer, y luego lo leí por tercera vez antes de devolverlo a la biblioteca.
Se trata de un hombre que puede hablar con los animales.

En ese libro hay un loro que dice que, si uno desea aprender cómo hablan los animales, necesita "el poder de la observación".

Pero la parte que más recuerdo es cuando alguien estaba persiguiendo al doctor Dolittle y sus amigos animales, y estos llegaron a un precipicio.

En ese momento, los monos se *convirtieron* en un puente uniendo sus manos y sus patas.

¿No te parece hermoso?

Podemos lograr lo que sea si trabajamos juntos.

Después de leer ese libro, juré que me iría a África, a vivir entre los animales.

A los doce años de edad, tenía mi propio grupo de naturalistas: el Club del Caimán.

Mis amigas y yo recolectábamos dinero para ayudar a caballos viejos, hacíamos caminatas por la naturaleza y anotábamos todo lo que veíamos (o al menos yo lo hacía).

Y si querías subir de rango en el club...

¿Era yo la mejor estudiante?
En realidad, no.
Me costaba mucho despertarme para ir a la escuela.
No me gustaba estar encerrada.
¡Lo que sí me entusiasmaba era estar al aire libre o rodeada de animales!

Yo anhelaba un trabajo en el que pudiera aprender más cosas sobre los animales.

Pero, en aquella época, se creía que las mujeres no podían ser científicas.

Se esperaba que las chicas se hicieran enfermeras, secretarias o maestras.

Yo quería ir a África.

Quería estudiar los animales.

Por suerte, mi mamá siempre me decía:

Eso nunca se me olvidó.

Pronto, me llegó una oportunidad.

Una de mis amigas de la escuela me invitó a visitar a su familia en Kenia.

Trabajé como mesera para pagarme el viaje, y escondí el dinero debajo de un tapete.

Un día, cerré las cortinas, conté todo el dinero y...

El viaje duró veintiún días en barco.
Yo tenía veintitrés años.
Todo me parecía un sueño, hasta que vi una jirafa que se quedó mirándome.
Tenía los ojos oscuros, las pestañas largas y la lengua negra, y masticaba espinas de acacia.

Sabía que mi sueño se estaba haciendo realidad.

Por fin, estaba en el África del doctor Dolittle.

Dos meses después, mi vida volvió a cambiar. Alguien me dijo: "Si te interesan los animales, deberías conocer a...".

El doctor Leakey era antropólogo. Es decir, que estudiaba cómo vivían los humanos. Y también era paleontólogo, o sea que estudiaba fósiles y huesos.

Primero, me contrató como secretaria.

Pero rápidamente le sorprendió que yo supiera tanto sobre los animales, incluyendo sus dos mascotas.

Después, el doctor Leakey me habló sobre otro trabajo que consistía en estudiar de cerca a los chimpancés.

Me dijo que adentrarse en el bosque sería difícil.

Que sería peligroso.

Pero, si lográbamos averiguar cómo vivían hoy los chimpancés, podríamos aprender más sobre la manera en que vivían nuestros propios antepasados prehistóricos.

Durante un año, leí todo lo que pude sobre los chimpancés.

También me advirtieron que las mujeres no podían estar solas en el bosque.

Me dijeron que necesitaría un guía y un acompañante.

Mi mamá se ofreció a venir conmigo.

Ya todo estaba arreglado.

Nunca olvidaré el día en que pisé por primera vez el Parque Nacional Gombe, en Tanzania, África: era el 16 de julio de 1960.

A los veintiséis años de edad, había logrado por fin llegar al hogar de los chimpancés.

Aquel lugar me cambió la vida.

En una de las primeras exploraciones, vimos dos chimpancés en un árbol alto, comiendo.
Cuando nos vieron, huyeron.
NOS TIENEN MIEDO.
Al día siguiente, no vimos ninguno.
Tampoco apareció ningún chimpancé el día después.

Durante meses, intenté acercármeles, pero todas las veces huían.

Entonces, comencé a ir sola.

Solamente yo.

Me trepaba en un lugar alto llamado el Pico, y miraba desde allí con mis binoculares.

Con el tiempo, me di cuenta de que los chimpancés andaban en grupos de seis o menos.

Las hembras iban con las crías. Los machos iban con otros machos.

No eran animales tontos. Eran una comunidad.

Aun así, me tomó casi un año poder pararme a un metro de los chimpancés.

Un día, cuando regresé al campamento, me enteré de algo:

Al día siguiente, esperé.

Y esperé.

No había ningún chimpancé a la vista.

Entonces, a las cuatro de la tarde, escuché un movimiento de ramas cerca de mi tienda.

Era un chimpancé macho grande que tenía una barba gruesa.

Ese fue el nombre que le puse (“Greybeard” es “Barbagris” en inglés).

Me dijeron que los animales debían estudiarse de “cierta manera”: que no debía ponerles nombres.

Decían que no se suponía que tuvieran nombres sino números.

¿Por qué?

Creían que los animales no tenían personalidad ni experimentaban emociones.

Decían que, si les poníamos nombres, comenzaríamos a creer que se parecen a nosotros.

Pero eso era lo que nadie sabía.
Eran como nosotros.
Ese día, David Greybeard se llevó mis nueces. Y mis bananas.

Un mes más tarde, tomó una ¡de mi propia mano!

Después, en el bosque, se me acercó despacio para ver si tenía una banana en el bolsillo.

Fue uno de los momentos de mayor orgullo para mí: los demás chimpancés ahora no me veían como una amenaza.

Yo era su amiga.

Y ellos eran mis amigos.

Cuando comencé a ver a los chimpancés como individuos, pude entenderlos mejor.

David era tranquilo, pero le gustaba salirse con la suya.

Goliat se alborotaba con facilidad.

William era tímido.

Y Flo era una buena madre: siempre traía a su hija y a su hijo.

Observándolos, aprendí una de las cosas más geniales.

Un día, vi a David que le arrancaba las hojas a una rama y luego metía la rama dentro de un nido de termitas.

No solo estaba usando aquella rama como una herramienta.

Él mismo había *hecho* esa herramienta.

Los científicos creían que solo los humanos hacían herramientas. Ahora no había duda de que estos animales eran inteligentes.

Todas las noches, escribía en mi diario lo que había observado.
Y todos los días veía a los chimpancés hacer las mismas cosas que hacemos nosotros:

Tomarse de las manos.

Hacerse cosquillas.

Darse besos.

Y hasta darse golpecitos de apoyo en la espalda.

Entre más los observaba, más aprendía.

Llegué a reunir tanta información que tuve que conseguir una grabadora. Y luego, un asistente para que observara otras familias de chimpancés.

En seis años, lo que había comenzado con una libreta de apuntes y unos binoculares, se convirtió en todo un centro de investigación.

Ahora, *yo era* quien estaba a cargo.

Hoy, gracias a nuestro trabajo en Tanzania, el mundo entero sabe que los animales tienen su propia personalidad y relaciones complejas.

En diferentes momentos de mi vida, me dijeron que había "cierta manera" de hacer las cosas; "cierta manera" de estudiar los animales; "cierta manera" en que las chicas debían comportarse.

Me dijeron que siguiera la reglas.

Yo, en cambio, seguí mi instinto.

En tu vida, te será fácil ver lo "diferentes" que son otras personas.

Pero te beneficiarás mucho más si, en cambio, ves lo *parecidos* que somos todos.

Todos nosotros, todos los seres vivos, compartimos muchas cosas.

Tenemos mucho en común.

Cuando nos damos cuenta de eso y nos cuidamos los unos a los otros...

Esa es la manera más hermosa de vivir en comunidad.
HOY, EL TRABAJO DE LA DOCTORA GOODALL HA CRECIDO MUCHO, Y LE RECUERDA A LA GENTE DE TODO EL MUNDO QUE TODOS COMPARTIMOS LA TIERRA A DIARIO.
CUANDO PROTEGEMOS EL PLANETA, NOS PROTEGEMOS UNOS A OTROS.
ELLA Y SU INSTITUTO JANE GOODALL AHORA TRABAJAN PARA PROTEGER A ESPECIES EN PELIGRO, INCLUYENDO SUS AMADOS CHIMPANCÉS, AL TIEMPO QUE CUIDAN NUESTRO MEDIO AMBIENTE.

LA RED DE SU PROGRAMA RAÍCES Y BROTES CONECTA A JÓVENES DE TODAS LAS EDADES QUE COMPARTEN EL DESEO DE CREAR UN MUNDO MEJOR. HOY EXISTEN MÁS DE 150 MIL GRUPOS EN MÁS DE 130 PAÍSES.
LLÁMALOS. TÚ TAMBIÉN PUEDES SER UN DEFENSOR DEL MEDIO AMBIENTE.
¿TE GUSTARÍA LLEGAR A TRABAJAR CON ANIMALES ALGÚN DÍA?
OBSERVA A TUS ANIMALES FAVORITOS PARA QUE VEAS QUÉ HACEN.
TOMA NOTAS. LEE LIBROS SOBRE ELLOS.
SE PARECEN MUCHO A NOSOTROS.
27

Soy Jane Goodall, y veo tantas cosas
que todos tenemos en común.

Mira. Observa. Sé paciente.
Quiero enseñarte esto: no somos
dueños de la Tierra; la compartimos.

Escucha lo que siente tu corazón.

Somos responsables de los animales que nos rodean.

Tenemos que cuidarlos.

Cuando uno de nosotros esté en problemas, ya sea un humano, una criatura o la naturaleza misma, tenemos que acudir en su ayuda.

Cuando lo hacemos, construimos un puente...

Un puente para todos.

"No hay un solo día de tu vida en el que tus actos no impacten el mundo que te rodea. Lo que haces marca una diferencia, así que debes decidir qué clase de diferencia quieres marcar".

—Jane Goodall

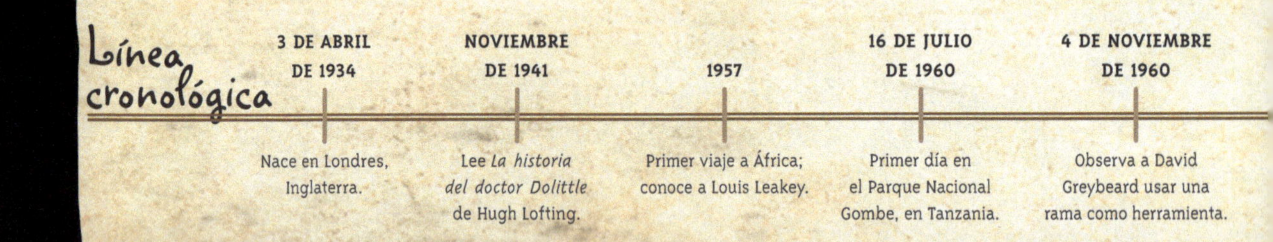

La pequeña Jane con Jubilee

Jane con David Greybeard a comienzos de la década de 1960

Jane con el doctor Leakey

Jane con miembros de Raíces y Brotes

1966	1967	1967	1977	1991	HOY
Recibe un doctorado en etología de la Universidad de Cambridge.	Nace su hijo Hugo (apodado Grub).	Publica el libro *Mis amigos los chimpancés*.	Funda el Instituto Jane Goodall.	Primera reunión que inspira la creación de Raíces y Brotes.	Continúa trabajando para proteger los chimpancés y nuestro medio ambiente.

Para Lila y Teddy, quienes me enseñaron cuánto debemos amar a los animales. Y para Amy Waggs y Kim Chi, por lo mismo.

—B. M.

Para Buddy Scalera, quien siempre saca tiempo para escuchar mis problemas, y da sin esperar nada a cambio. Un verdadero amigo.

—C. E.

En aras de la precisión histórica, usamos las palabras reales de la doctora Goodall siempre que fue posible. Para más citas textuales de Jane Goodall, recomendamos y reconocemos sus libros *Mi vida con los chimpancés* y *En la senda del hombre.*
Un agradecimiento especial para la doctora Jane Goodall y todos nuestros amigos del Instituto Jane Goodall.

FUENTES

My Life with the Chimpanzees, Jane Goodall (Simon & Schuster, 1996)
In the Shadow of Man, Jane Goodall (Mariner, 2010)
Jane Goodall: The Woman Who Redefined Man, Dale Peterson (Mariner, 2008)
The Story of Doctor Dolittle, Hugh Lofting (Yearling, 1988)

SOBRE EL INSTITUTO JANE GOODALL

El Instituto Jane Goodall se fundó en 1977 y continúa la investigación pionera del comportamiento de los chimpancés que inició la doctora Goodall, y que transformó la relación entre humanos y animales. En la actualidad, el instituto lidera el esfuerzo de proteger los chimpancés y sus hábitats en todo el mundo. También es reconocido ampliamente por sus programas comunitarios innovadores de conservación y desarrollo en África, y por el programa internacional juvenil ambientalista y humanitario Raíces y Brotes, que hoy tiene grupos en más de 130 países. Para obtener más información, por favor visita www.janegoodall.org.

SOBRE EL PROGRAMA RAÍCES Y BROTES

El programa Raíces y Brotes (Roots & Shoots, en inglés) fue fundado en 1991 por la doctora Jane Goodall y un grupo de estudiantes de Tanzania con el objetivo de hacer posible el cambio positivo para las comunidades, los animales y el medio ambiente. La red de Raíces y Brotes cuenta con más de 150 mil grupos en más de 130 países y conecta a jóvenes de todas las edades que desean crear un mundo mejor. Los jóvenes identifican problemas en sus comunidades y toman acción. Los miembros de Raíces y Brotes marcan la diferencia en todo el planeta a través de proyectos de servicio, campañas lideradas por los jóvenes y un sitio web interactivo. Para obtener más información, por favor visita www.rootsandshoots.org.

www.vistahigherlearning.com
www.loqueleo.com/us

Publicado originalmente en Estados Unidos bajo el título *I Am Jane Goodall* por Dial Books for Young Readers, un sello de Penguin Random House LLC, Nueva York.
Esta traducción ha sido publicada bajo acuerdo con Forty-four Steps, Inc. y Christopher Eliopoulos c/o Writers House LLC.

Dirección Creativa: José A. Blanco / Vicedirector Ejecutivo y Gerente General, K–12: Vincent Grosso
Desarrollo Editorial: Salwa Lacayo, Lisset López, Isabel C. Mendoza / Diseño: Radoslav Mateev, Gabriel Noreña, Andrés Vanegas, Manuela Zapata
Coordinación del proyecto: Karys Acosta, Tiffany Kayes / Derechos: Jorgensen Fernandez, Annie Pickert Fuller, Kristine Janssens
Producción: Thomas Casallas, Oscar Díez, Sebastián Díez, Andrés Escobar, Giovanny Escobar, Adriana Jaramillo, Daniel Lopera, Daniela Peláez, Daniel Tobón
Traducción: Isabel C. Mendoza

Soy Jane Goodall
ISBN: 978-1-66991-519-5

Printed in the United States of America

1 2 3 4 5 6 7 8 9 GP 28 27 26 25 24